CINCO COMEDIAS

by

CORRIE THOMPSON

ILLUSTRATED
BY
CATHERINE NELSON

NTC *NATIONAL TEXTBOOK COMPANY* • *Lincolnwood, Illinois U.S.A.*

CONTENTS

1989 Printing

Copyright © 1987, 1975 by National Textbook Company
4255 West Touhy Avenue
Lincolnwood (Chicago), Illinois 60646-1975 U.S.A.
All rights reserved. No part of this book may
be reproduced, stored in a retrieval system, or
transmitted in any form or by any means, electronic,
mechanical, photocopying, recording or otherwise,
without the prior permission of National Textbook Company.
Manufactured in the United States of America.

8 9 0 ML 9 8 7 6 5 4 3 2

FOREWORD

Cinco comedias is a collection of five humorous playlets designed to increase the conversational skills of the student of Spanish. In structure and in content, the playlets are suitable for all levels.

The structural content and vocabulary have been edited for ease in comprehension with the beginning student in mind. A complete vocabulary (Spanish to English) listing all words and idioms used in the playlets has been provided for the student at the end of the book. This will aid the student if he meets with a difficulty in comprehension he cannot solve directly from context. The language of the playlets is idiomatic and the student will learn correct, conversational Spanish while reading, performing or listening to these comedies.

Students will enjoy using *Cinco comedias* and meeting the characters and their hilarious situations. "Los vaqueros" tells the story of a young woman masquerading as a cowboy and of her ("his") fake wedding to the ranch cook. In "¡Oh, por una esposa y un niño!" a college youth succeeds in obtaining a larger monthly allowance by telling his father he has married and even has a son to support. The plot is thickened when the new "grandfather" visits his son to meet his daughter-in law and grandson. A reward for a beloved, lost dog is offereed in "El perro perdido" and every dog in town ends up in the playlet claiming to be the lost animal. In "La piñata" the surprise inside is the boyfriend presenting himself as a birthday gift to his girlfriend.

Cinco comedias can be used for in-class or out-of-class activities. It can serve as a supplementary reader which provides the student with entertaining material. The playlets can be performed by a group of students for the class, by a class for an assembly or by members of the Spanish Club for the whole group. The playlets can even be performed for an English-speaking audience as the comedies are provided with a narrator and the action tends to define the speaker's part.

LOS VAQUEROS

PERSONAJES:

Mi Señor (Sally Moreno)
El cocinero (Luis)
El oficial
El jefe (Sr. González)
La esposa del jefe (Sra. González)

Las hijas de los Sres. González:

Juana	Elvira
Ramona	Lucía
Lupe	

Los vaqueros:

Pedro	Carlos
Raúl	Manuel
Fernando	Adolfo
Toño	Alfonso
Ricardo	Ernesto

El Ministro

Sally Moreno and old "Pinto" find themselves jobless and homeless when the Big Ben Ranch is turned over to her father's creditors shortly after the death of Sr. Moreno. Since Sally helped her father on many roundups, she decides that a cowboy's life is the life for her; so she rides old "Pinto" far away to the Circle C Ranch, and there, dressed as a cowboy, applies for a cattle-punching job.

Sr. González, the manager, has just hired big, husky Luis as cook; so he brings both the new cook and Sally forward, announcing, "Here come His Lordship and Miss Sally." There is a moment of embarrassment for Sally, as she fears that her identity has been discovered, but as the manager hands the cook's apron to Luis, Sally realizes that the new cook is being introduced

1

as "Miss Sally" (as the cook in the cattle camps is often called) and that she herself is being referred to as "His Lordship."

Sally rides the range so well that no one except Luis suspects that she is a girl masquerading as a cowboy. However, as time goes on, Sally and the cook become so friendly that the boys begin to call them the "sweethearts," little suspecting that Sally is a girl and that she and Luis are really in love.

Shortly after our play opens, the manager of the ranch brings the Justice of the Peace into the camp on an electioneering campaign. The cowboys, pretending that the top hat which the officer wears is a "varmint," proceed to knock it off his head and to shoot it full of holes. The officer is disconcerted, but the manager tells him that cowboys must have their fun and that if he will take it good-naturedly he will probably win their votes.

The boys, however, always full of mischief, decide that now is the time for a mock wedding for the "sweethearts" with the Justice presiding. "His Lordship" (Sally) demurs a bit at first but Luis takes her aside and persuades her to "make it a real wedding." The officer agrees to perform the ceremony, but asks that his fee be paid in the votes of the entire camp. The boys then ask for a few minutes in which to go to the neighboring village to buy wedding presents, "a rolling pin and the like," as Pedro expresses it.

The "sweethearts" are left in the company of the officer and the manager to whom they confide that the mock wedding is to be a real one, and Sally introduces herself as the daughter of Sr. Moreno, who has been well-known among ranch owners. When the manager learns that this is to be a real wedding, he asks permission to bring his wife and daughters and leaves in haste for his nearby ranch house.

The boys return with their various purchases and proceed to get ready for the ceremony. The manager also returns with his wife and daughters. Alfonso, self-appointed usher, gives them seats of honor. Toño asks to be the mother of the bride, explaining that he can weep the loudest. Adolfo, as ring bearer, presents a heavy iron washer to be used as a wedding ring. Raúl plays the part of the flower-girl with a bouquet of onions for flowers. Fernando, as the bride's father puts on a very grave appearance, while Pedro bangs out the wedding march on a toy piano.

2

Ricardo presents the bride with a rolling pin, saying that no home is complete without one.

Manuel sings:

> Here comes the bride
> Big, fat and wide.
> Here comes the groom,
> Skinny as a broom.

And Toño, as the bride's mother, weeps loudly into a saddleblanket.

The officer, with a look of disgust at the childishness of the cowboys' fun, proceeds with the ceremony: "Can anyone show reason why this couple should not wed?" The din of the wedding march stops, the weeping is a trifle subdued, when, just at this point, the ceremony is interrupted by Sra. González, who comes forward bringing a minister and announcing that, as this is to be a wedding indeed, she would like to see the "groom" (Sally) properly dressed and asks that a few minutes be allowed for her to change her cowboy outfit for the bridal attire which Ramona has brought. As Sally retires, Carlos pointing to Luis, sings:

> Left in the lurch
> Waiting at the church.

While waiting for Sally's return, one of the cowboys plays a guitar while the others sing "El Rancho Grande." When Sally returns (in bridal attire) Juana produces a real ring to replace the iron washer, and a real bridal bouquet is presented by Lucía, while Elvira comes forward as bridesmaid, and Lupe decorates the bare camp with plants and flowers that she has brought. The minister whom Sra. González introduces, proceeds with the reading of the wedding ceremony and as the curtain falls, the strains of the wedding march can be heard from the nearby ranch house.

LOS VAQUEROS

(The Cowboys)

Sally Moreno: ¿Qué haré? No tengo trabajo ni dinero. Estoy triste. (Piensa un poco.) ¡Ya sé! Me vestiré de vaquero, montaré a mi caballo "Pinto" e iré a la hacienda Círculo C a buscar trabajo.

(Sale Sally.)

3

(Los vaqueros están cocinando fuera. Entra el Sr. González con Luis.)

Luis: Ando en busca de trabajo.

Sr. González: Sí, necesitamos un cocinero. Por este trabajo pagamos –

Luis: A cualquier pago tomaré el trabajo – porque necesito dinero.

(Entra Sally.)

Sally: *(Al Sr. González)* Quiero trabajo de vaquero. He trabajado en rancho por muchos años.

Sr. González: Te ves muy joven, pero te daré trabajo.

Sr. González: *(Le da a Luis el delantal de cocinero y lo presenta a los vaqueros.)* Aquí está Miss Sally.

Sr. González: *(Presentando a Sally)* Aquí está mi señor.
(Los vaqueros están en el campamento cerca de la lumbre. Entra el Sr. González acompañado del Oficial, quien lleva un sombrero de copa.
Los vaqueros gritan y uno de ellos le da un golpe al sombrero y lo tumba al suelo.
Algunos de los vaqueros balancean el sombrero. El sombrero, por supuesto, ha sido agujereado de antemano. El Oficial muestra sorpresa. Pedro coge el sombrero, mostrando los agujeros.)

Sr. González: Es una travesura, Sr. Oficial; no se enoje y los muchachos le querrán bien.

Pedro: ¿Qué clase de animalillo trajo usted? ¡Ah! Aquí vienen los novios. Háganos el favor de casar a esta pareja y le perdonaremos.

El Oficial: Muy bien, pero quiero los votos de todos los vaqueros.

Fernando: Seguro que sí.

Pedro: Pero espérese un momento. Vamos a comprar regalos para los novios, un rodillo pastelero, etcétera.
(Salen los vaqueros. Los novios discuten un asunto. Sally al fin da su consentimiento.)

4

Luis:	*(Presentando a Miss Sally)* Aquí está mi novia. Le presento a mi futura esposa. Esta es actualmente la celebración de nuestra boda.
Sally:	¿No me recuerda, Sr. González? Yo soy Sally Moreno del rancho Big Ben.
Sr. González:	Sí, sí, te conozco. Pero si ésta es una boda de verdad, con su permiso, voy a traer a mi esposa y a mis hijas.
Los novios:	Sí, señor, vaya usted.

(Sale el Sr. González.)

El Oficial:	Muchas felicidades.
Los novios:	Gracias.

(Los vaqueros vuelven.)

Adolfo:	Aquí está el anillo. *(Levanta una argolla de hierro y Raúl trae un ramo de cebollas.)*
Raúl:	Yo soy la madrina con las flores. Huela mis cebollas.
Manuel:	Yo quiero cantar:

> Aquí viene la novia,
> Grande, gorda y ancha.
> Aquí viene el novio,
> Será como una escoba.

Toño:	Yo puedo llorar mejor. Yo seré la madre de la novia. *(Entran los Sres. González con sus hijas.)*
Alfonso:	Yo seré el acomodador. Favor de venir a este lugar, Sra. González, y ustedes también, señoritas.
Ricardo:	Permítame presentarle el palote. No hay casa completa sin palote.
Fernando:	Yo seré el padre de la novia.
El Oficial:	Estamos aquí en la presencia de Dios y esta compañía para unir a este hombre y esta mujer en santo matrimonio.
El Oficial:	*(Dirigiéndose a Miss Sally)* Señor, ¿acepta a esta mujer como vuestra esposa, la amará, la honrará y la tendrá ya sea en enfermedad como en salud hasta la muerte?
Mi señor:	*(Sally)* Sí, señor.
El Oficial:	*(Dirigiéndose a Luis)* Sally, ¿acepta a este hombre como vuestro esposo, lo amará, lo obedecerá, lo servirá y lo honrará ya sea en enfermedad como en salud hasta la muerte?
Luis:	Sí, señor.
El Oficial:	Pero, ¿es posible que esta pareja se case de esta manera?
Sra. González:	No, pero mi señor es Sally Moreno y ella y Luis desean que esta boda sea de verdad. Nosotros deseamos verla vestida como es debido.
Ramona:	*(Trae el vestido de boda.)* Este es mi regalo. *(Sale Sally a cambiarse su vestido.)*
Carlos:	*(Indica a Luis.)* Lo dejaron en la puerta de la iglesia.

(Los vaqueros cantan.)

Allá en el rancho grande,
Allá donde vivía,
Había una rancherita,
Que alegre me decía,
Que alegre me decía:
"Te voy a hacer tus calzones
Como los que usa el ranchero;

Te los comienzo de lana
Y los acabo de cuero."

Allá en el rancho grande,
Allá donde vivía,
Había una rancherita
Que alegre me decía,
Que alegre me decía:
"Te voy a hacer una camisa
Como la que usa el ranchero;
Con el cuello a media espalda
Y las mangas hasta el suelo."

Lupe: *(Trayendo flores para el tablado)* Yo arreglaré las deco-
             raciones.
             (Entra Sally, vestida de novia.)

Elvira:	*(Le regala un ramillete de flores.)* Yo quiero ser la madrina.
Lucía:	*(Le regala a Sally un ramillete de flores.)* Con mis felicitaciones.
Sally:	Muchas gracias.
Juana:	*(Regala a Luis un anillo de boda.)* Permítame presentarle el anillo.
Luis:	Muchas gracias.
Sra. González:	*(Con el ministro)* Aquí está el ministro.
El ministro:	*(Leyendo la ceremonia mientras se oye la melodía de la marcha nupcial.)* Pero, ¿es posible que esta ceremonia sea de verdad?

(Telón)

ESCENA DE UNA CALLE DE MEXICO

PERSONAJES:

Juana (una niña que va a la escuela superior)
María (la criada)
Juan (un muchacho con un carro pequeño)
Raúl (vendedor de periódicos)
Pancho (vendedor de cigarros)
Cesario (un ciego)
Pablo (vendedor de pistolas)
Enrique (el carromatero)
Pixie (el hada)
Ester (vendedora de flores)
Margarita (vendedora de tacos)
Ema (vendedora de quesos)
Eva (vendedora de tortillas)
Inez (vendedora de tortillas)
Doña Carlota y doña Alicia (dos señoras)
Mr. Smith (un americano)
Miguel (un limpiabotas)
Wong-Wee (un chino)
Alfredo (vendedor de frutas)

ESCENA EN UNA CALLE DE MEXICO
(A Scene in a Street of Mexico)

Juana, our heroine, enters with disgust written, not only on her face
but in every line, every movement of her body. After her soliloquy which
explains her displeasure, she falls asleep – she dreams. Pixie, with a wave
of her wand, fills Juana's dream with characters one might encounter on a
street in Mexico: a boy with his kiddie car, a newsboy, a cigarette vender,
a blind beggar, a pistol seller, a carromatero, a fruit seller, the flower girl,
venders of tacos (Mexican fried corncakes) and of tortillas (Mexico's

substitute for bread) and the cheese seller, also two ladies of the upper class, a Chinaman, and a North American.

Then when our star begins to awaken, everyone, including the maid and Pixie, leave the stage. Juana looks about dreamily, then laughingly tells what her dream has pictured for her. As a closing remark, she wishes that she might hear Mexico's National Anthem, which a chorus from behind the scenes now begins to sing.

Escena:	*(El tablado muestra en el frente una calle de México y detrás representa una alcoba de una niña.)* *(Entra Pixie, el hada.)*
Pixie:	I am Pixie, the fairy, and with my magic wand, I come to announce that the Spanish Class of _____ of _____school will now present a short skit entitled *ESCENA EN UNA CALLE DE MEXICO* which means "A Scene in a Street of Mexico." − And now Juana, our star enters. She is, as you will observe, quite disgusted. *(Entra Juana con un libro de español en la mano.)*
Juana:	Estoy muy cansada. No quiero estudiar el español. Quiero ver una escena en una calle de México. Yo sé que debo aprender el español porque es indispensable aquí en la frontera y también sé que todos los muchachos de nuestra escuela están aprendiendo mucho en la clase de español avanzada. Pues, ¿sabían que Doris Gruber hasta fue felicitada por su pronunciación? ¿Y que Jackie Maygarten fue pasado a la clase de español A-1 en el mismo día que entró al colegio? Pero siempre el estudio me cansa. Ahora, si yo pudiera ver, no más por un momento, algo muy auténtico como una escena en una calle de México y ver y oír de veras los que viven en ese país, yo creo que me interesaría más − así leyendo, me da sueño. *(Bosteza, reposa y duerme.)*
Pixie:	Juana does not care to study Spanish; she finds it uninteresting, but admits that if she could just see some-

thing really authentic like a scene on a street in Mexico, she would feel more entertained. *(Thinks for a moment)* We will have to do something about that (Waves her wand.) Come in, María. María is Juana's maid. As you may know, in Mexico, any girl of the upper class has her own maid.

María: *(Entra cantando.)*

> Pobrecito Tecolote
> ¿No se cansa de llorar?

Pixie: María sings:

> Poor little owl,
> Don't you get tired of crying?

then she pats Juana on the head.

María:	Mi niña, mi niña, muy bonita, pobrecita niñita, está muy cansada, niñita mía, niñita mía.
Pixie:	And now to make Juana's wish come true, I will wave my magic wand. *(waves wand)*
Pixie:	Juan enter. His car doesn't run. But in true motorist style, he tinkers with it.
Juan:	*(Entra con un kiddie car.)* El carro no funciona bien. ¿Dónde está mi papalote? *(Busca su papalote.)*
Pixie:	Oh, and he's lost his kite! Now he's found his kite, but he sings about his car:
Juan:	*(Canta.)*

La cucaracha, la cucaracha,
Ya no quiere caminar
Porque no tiene, porque le falta,
Marihuana que fumar.

Pixie:	He says his car, his cockroach, won't run because it is out of gas. Perhaps I'd better explain this: "La cucaracha" *(the cockroach)* is a nickname for an old car and it fails to operate because of the lack of marihuana, a nickname for gasoline. Well, Juan, take your cockroach and your papalote and get out of traffic. Now comes our little newsboy, Raúl.
Raúl:	*(Entra.)* ¡Periódicos, cómprelos, cómprelos!

(Canta.)
Yo tengo cuatro camisas,
Yo tengo cuatro camisas.
También mi novia tiene,
También mi novia tiene,
Pero no viene.

Pixie:	He sings a song about having four shirts, such riches! Here comes Pancho who sells cigarettes.
Pancho:	*(Entra.)* ¡Cigarros con cerillos, véngase, cómprelos! ¡Cigarros con cerillos, véngase, cómprelos, cómprelos!
Pixie:	Pancho sells cigarettes with matches thrown in. Folks,

12

	that's a bargain. Just look, here comes Cesario, the blind man, cane, cup and all.
Cesario:	*(Entra.)* ¡Limosna, limosna, no tengo nada que comer! ¡Limosna, limosna, por caridad de Dios!
Pixie:	Maybe you didn't know it, but because the blindman, in begging help, so often asks alms "For God's sake," he has been dubbed by the Mexicans as "un pordiosero" which means literally a "for-God-saker."
	(Cesario seats himself in the corner and presents his cup to all who pass, each of whom gives him money.)
Pixie:	*(Looking toward the entrance as Pablo enters)* Come in, Pablo, your pistols look dangerous.
Pablo:	*(Entra.)* ¡Pistolas, pistolas, cómprelas, cómprelas, muy baratas!
Pixie:	And now Pablo joins the blindman in the corner with the rest of the crowd. As you may know, Mexico is in truth the country of flowers, and now our little flower girl, Ester, enters.
Ester:	*(Entra con una canasta grande llena de flores.)* ¡Flores, flores, cómprelas, cómprelas, jazmines, rosas, muy bonitas! ¡Flores de todos colores, cómprelas! Voy a cantar una canción de amor.

(Canta.)
No me mates con pistola,
Ni tampoco con puñal.
Mátame con un besito
De tus labios de coral.

Pixie:	Let me tell you in English exactly what she says. After crying out her wares of flowers, jasmines, roses, flowers of many colors, she sings her little love song:

Don't kill me with a pistol,
Don't kill me with a knife.
Kill me with a little kiss
From your lips of coral.

13

Oh, the rhyme got lost in the translation.
Here comes Enrique, el carromatero, Mexico's baggage man, and what a load!

Enrique: *(Entra.)* Aqui está el carromatero. *(Cruza el tablado y trae un baúl de las alas.)*

Pixie: And now Alfredo, the fruit seller.

Alfredo: *(Entra.)* ¡Frutas! ¡Frutas! Muy buenas, cómprelas.

Pixie: Alfredo's fruit looks really good; makes me hungry. And now come two little ladies, Margarita and Eva, who sell tacos and tortillas. I wish you'd look, they're setting up their portable stoves while singing their wares.

Margarita: ¡Tacos, tacos, muy buenos, calientitos! ¡Se venden, se venden!

Eva: ¡Tortillas, tortillas muy buenas! ¡Cómprelas!

Pixie: And now they entertain their prospective buyers with a bit of poetry.

Margarita:
>Me gusta la leche,
>Me gusta el café.
>Pero más me gustan
>Los ojos de usted.

Pixie: Which means:
>I like milk,
>I like coffee.
>But I like
>Your eyes better.

Hey, I missed that rhyme, too. Didn't I?
Now the sellers of cheese and chile come in. Let's listen to their sales talk.

Eva: ¡Quesos, quesos frescos! ¡Frescos del rancho, cómprelos!

Inez: ¡Chile, chile, muy sabroso! ¡Se vende chile! ¡Pica mucho, chile colorado!

Pixie: The cheese is fresh and the chile hot and red, or maybe

14

red-hot. Two high-class ladies now enter with high combs in their hair and with lace mantillas.

Doña Carlota:	Hace mucho calor hoy.
Doña Alicia:	Sí, mucho, pero ya estamos en verano, el tiempo del calor.
Pixie:	They are speaking excellent Spanish and their subject is the weather. Just look, here comes a Chinaman, Wong-wee.
Wong-Wee:	Doshen, doshen.
Pixie:	And that means, "Good Morning." And here is an American Mr. Smith. And how do you do, Mr. Smith?
Mr. Smith:	¿Cómo está, Wong-Wee? ¿Ha ido su amo a pescar últimamente?
Wong-Wee:	Sí, señor, va a pescar todos los días, pero es muy tonto. Compra dos pesos de camarones para el anzuelo y después viene con un pescado de este tamaño. *(Mide sus manos, como seis u ocho pulgadas.)* Yo digo que no lo debe hacer. Si compra dos pesos de cebo y no más coge un peso de pescado, se va a poner en bancarrota. Ho-hong-ga-la.
Pixie:	So long, Wong-Wee. In case you didn't know, "Ho-hong-ga-la" means "Goodbye." Wong-Wee thinks that if his master pays two dollars for bait and catches a small fish only worth a dollar, he'll soon go broke.
	But look, our star is awakening, the dream is over. Just see the venders flee from the stage and I must go with then.
Juana:	*(Se despierta y ve alrededor deslumbrada.)* Oh, estaba soñando, pero, ¿saben qué? Soñé, haber visto una escena en una calle de México y todos hablaban en español. Había vendedores de todas clases: de flores, de cigarros, de pistolas, de tacos, de chile, de frutas; oh, de todo. Dos señoras mexicanas pasaban y sus mantillas eran muy hermosas. Un carromatero iba de prisa llevando una petaca muy pesada. Había un chino con un sombrero muy chistoso. *(Riéndose)* Había también un caballero que decía chistes

15

de los nativos. Pues, hasta tenía una criada como las que tienen las muchachas mexicanas ricas y hasta creí que un ciego limosnero se sentaba allí. Oh, era tan verdadero todo que no puedo creer que era solamente un sueño. Oh, si pudiera oír el himno nacional mexicano, sería el fin de un sueño perfecto.

HIMNO NACIONAL MEXICANO

Mexicanos, el grito de guerra
El acero aprestad y el brindón,
Y retiemble en su centro la tierra
Al sonoro rugir del cañón,
Y retiemble en su centro la tierra
Al sonoro rugir del cañón.

Chorus

Ciña ¡oh patria! tus sienes de olivo
De la paz el arco-ángel divino
Que en el cielo tu eterno destino
Por el dedo de Dios se escribió
Mas si osare un extraño enemigo
Profanar con sus plantas tu suelo,
Pienses, ¡Oh, patria querida! que el cielo
Un soldado en cada hijo de dio,
Un soldado en cada hijo de dio.

Repeat chorus

(Telón)

¡OH, POR UNA ESPOSA Y UN NIÑO!

PERSONAJES:

Arturo Madero
Señor Madero (el padre)
El profesor de universidad
El mozo
Raúl (hijo del mozo)
Estudiantes de universidad:
    Amata (trae un perro)
    Marta (trae un gato)
    Berta (trae una muñeca que habla)
    Carmen (trae una muñeca chiquita)
    Carolina (trae a un muchachito)
    Laura (trae 5 muñecas)
Madres de Caridad:
    Enriqueta
    Paula
Luisa (novia de Arturo)

Arturo's father, Sr. Madero, owner of a large ranch in Argentina, decided to send Arturo to Spain for four years of college work. Up until the first Christmas that he spends in Spain, Arturo enjoys everything in college, rather at the expense of his studies and certainly not sparing his father's pocketbook.

About this time, Sr. Madero decides that his son's expensive tastes need curbing, and Arturo's allowance is cut. The boy then comes to the conclusion that he must resort to strategy in order to obtain more money. So he writes his father that he has married. The fond parent deceived by this artifice, willingly doubles his son's allowance and Arturo's luxurious tastes are provided for until Christmas rolls around again.

By this time Arturo has a much-loved sweetheart to whom he wishes to give an engagement ring. Hence his budget again needs inflation, so he writes to his father that he has an infant son. The ruse seems to work and

Arturo thinks all is going well. His father, however, becoming suspicious, decides to investigate, and much to his son's chagrin, Sr. Madero arrives unannounced at the college. At this particular point our play opens.

Arturo explains to his father that the wife and baby are out, but Sr. Madero notes that his son is uncertain as to their whereabouts. One of the professors of the college comes in about this time and wishes to take Sr. Madero through the institution. In his father's absence, Arturo rushes frantically about asking help of his various girl friends. They promise to help him. Let's see how well each keeps her promise. The janitor also offers to produce a wife and baby (while you wait), and leaves muttering that he himself would make a fine wife and that Raúl, his ten-year old son, would make a good baby.

Arturo is reassured. Sr. Madero, after a tour of the school, comes back and asks if the grandson, by any chance, resembles his grandfather. Arturo answers decidedly in the affirmative, and to avoid further conversation on the subject, leaves the room. Just after his departure, Amata enters, bringing a dog dressed as a baby announcing herself as Arturo's wife, and telling Sr. Madero how much the baby resembles its grandfather, much to that gentleman's mortification. Then comes Marta with a cat, claiming to be Arturo's wife and saying that her baby is the very image of the grandfather.

Berta, bringing a talking doll for a baby, claims that the baby is calling "Papá," meaning his grandfather, while Carmen entering with another doll, says that Berta's baby says "Mamá" and not "Papá." Carolina brings a real child, who looks rather large for only a one month old so says Sr. Madero. Laura brings quintuplets, saying to the other girls that, as the grandfather is so stingy, Arturo needs five babies that he might have a little spare change. The janitor then comes in, dressed as a woman, bringing his "baby" Raúl, who, upon seeing Sr. Madero's beard, raises his hands in surprise and remarks, "What a beard!"

Two Sisters of Charity then enter asking for a donation for the "poor children," but Sr. Madero offers to give them *his* poor children, motioning to the army of dolls and animals. One of the Sisters, seeing the dog and cat, becomes indignant and says that charity is for children and not for animals.

18

Arturo then returns, followed closely by Luisa, his sweetheart, who threatens to return his ring, saying that, as he already has many wives, he won't need her. But Arturo tries to explain that it is all a joke and introduces Luisa to his father as the daughter-in-law to be. Sr. Madero welcomes Luisa, and forgives everyone while the other girls all claim the right to be bridesmaids.

When the Sisters ask for a donation, each person gives something. Even though Sr. Madero has seemingly scoffed at their request, his contribution is a bill or something to represent gold money. This is to give the audience the idea that, contrary to the girls' impression of him, he is not stingy. The janitor, in order to reach the pocket of his trousers, pulls up his dress which he is wearing over his own clothes, thus giving a full view of his trousers, which have been showing below the skirt all the time.

¡OH, POR UNA ESPOSA Y UN NIÑO!

(Entran el Sr. Madero y Arturo.)

Sr. Madero: Hijo, vengo a verte a ti y a tu familia. ¿Dónde están tu esposa y tu hijo?

Arturo: Están en la plaza; no, fueron a misa; no, fueron al teatro.

Sr. Madero: Los esperaremos.
(Entra el profesor.)

Profesor: Mientras que esperamos, vamos a ver el colegio.

Sr. Madero: Sí, señor, con mucho gusto.
(Salen el profesor y el Sr. Madero.)

Arturo: Oh, ¿qué hago? ¿Qué hago?
(Entran las muchachas.)

Marta: ¿Qué hacemos para ayudarte? Dinos qué quieres.

Arturo: Le dije a mi padre que yo tenía una esposa y un hijo, pero no tengo ninguna. Háganme el favor de traerme a una mujer y un niño.

Todas las muchachas:	Sí, sí.
	(Salen todas las muchachas. Entra el mozo.)
	Oí lo que pasa y quiero ayudarlo.
	Si usted quiere ayudarme, tráigame a una esposa y un niño por aeroplano.
	Seguro que sí. *(En voz baja)* Yo le haré de mujer hermosa y Raúl tiene diez años pero no le hace, él es mi niño.
	(Sale el mozo. Entra el Sr. Madero.)
Sr. Madero:	¿Todavía no vienen la señora y el niño? Dime, ¿se parece el niño a mí?
Arturo:	Exactamente, papá.
	(Sale Arturo. Entra Amata con un perrito.)
Amata:	Papá, tengo mucho gusto de conocerlo. Yo soy la esposa de su hijo y aquí está su nieto que se parece a usted.
Sr. Madero:	¿Se parece a mí?
	(Entra Marta con un gato.)
Marta:	No la escuche. Yo soy esposa de Arturo y aquí está el niño que se parece a usted. ¡Mire las orejas!
Sr. Madero:	Yo no tengo orejas como él.
	(Entra Berta con una muñeca que habla.)
Berta:	No, no, papá. Yo soy la señora Madero y el niño está diciendo "papá."
Sr. Madero:	¡Esta es una casa de locos!
	(Entra Carmen con una muñeca chiquita.)
Carmen:	Esa muñeca no dijo "papá," creo que le dijo "mamá." Yo soy la señora Madero y aquí está su nieto.
	(Entra Carolina con un niño que tiene cinco o seis años.)
Carolina:	Papá, yo soy esposa de Arturo y éste es nuestro hijo que no tiene más de un mes.

Sr. Madero:	¿Un mes? Ha crecido mucho.
	(Entra Laura con cinco muñecas.)
Laura:	Yo creo que el papá de Arturo es muy raspa; por eso yo le traigo a cinco nietos.
Sr. Madero:	¿Cinco nietos?
	(Entra el mozo con su hijo.)
El mozo:	¡Estamos! Suegro, yo soy esposa de su hijo y éste es nuestro hijo.
Raúl:	¡Mire la barba!
	(Entran dos Hermanas de Caridad, Enriqueta y Paula.)
Enriqueta:	Dispénsenme, ¿me hacen el favor de darme dinero para los niños pobres?
Sr. Madero:	No, pero quiero darle a usted unos niños pobres.
Paula:	No, la caridad es para niños, no es para animales.
	(Entra de nuevo Arturo.)
Arturo:	Perdóname, papá.
	(Sr. Madero se ríe.)
	(Entra Luisa.)
Luisa:	*(A Arturo)* He oído lo que las muchachas han dicho, aquí está tu anillo. Creo que no me necesitas. Tienes muchas esposas.
Arturo:	Espérate. ¿No sabes que no es verdad? Papá, ésta es la mujer a quien quiero mucho.
Sr. Madero:	Tengo mucho gusto en conocerla.
Laura:	¿Y nosotras? Creo que nosotras seremos las madrinas, ¿verdad?
Todas las muchachas:	¡Muchas felicidades!
	(Telón)

EL PERRO PERDIDO

(Adapted from a play by Mrs. Arzaleo Hunt. Used by permission of Paine Publishing Company.)

PERSONAJES:

Don Fernando García
Doña Ana García (su esposa)
Sus hijos:
 Guillermo
 Tomás
Hugo (el alemán)
Matsu (el chino)
Roberto (un muchacho)
Biddy (una irlandesa)
Mol (su hija)
Felipe (el mozo)

Don Fernando García has offered a five dollar reward for the return of his lost dog. As the scene opens, this gentleman is reading the newspaper. His sons, Guillermo and Tomás, are making kites and singing songs in Spanish, while his wife, Doña Ana, with broom in hand, threatens to sweep the boys out along with their clutter.

At this point, Hugo, a German, enters bringing a dog with him, vehemently claiming the reward that has been offered. Roberto, another man, also enters bringing a Chihuahua pup and claiming that the $5.00 is a very cheap reward for such a valuable dog.

At this time Biddy, an Irishwoman, and her daughter, Mol, come in, leading a dog which Doña Ana declares must have been kept for ten years without food. Matsu, a Chinaman, claims in broken Spanish, to have found the dog and wants the reward.

While they argue, Felipe, who has also read the ad, tries to make sure of the money by bringing in several half-starved dogs. He asks Don Fernando to take his choice, but at the same time demands the money offered for the return of the lost dog.

A real skirmish beginning at this point is finally brought to an end by

23

Doña Ana, who chases all of them out with the broom, while Don Fernando, amid the barking of the dogs, calls for the police.

EL PERRO PERDIDO

(La casa de don Fernando García, en la sala. Doña Ana está cosiendo, don Fernando está leyendo el periódico, y los muchachos están haciendo un papalote y cantando.)

Guillermo:	*(Cantando)*

> De la sierra morena,
> Cielito lindo,
> Vienen bajando
> Un par de ojitos negros,
> Cielito lindo,
> De contrabando.

Tomás: *(Cantando)*

> Una flecha en el aire,
> Cielito lindo,
> Lanzó Cupido
> Y como fue jugando,
> Cielito lindo,
> Yo fui herido.

Guillermo y
Tomás: *(Cantando)*

> Cielito lindo, los corazones
> ¡Ay, ay, ay, ay!
> Canta y no llores,
> Porque cantando se alegran.

Don Fernando: *(Poniendo el periódico en la mesa)* Me pregunto por qué nadie ha venido a responder a mi anuncio en el periódico. Me parece que ya alguien ha de haber hallado a Pepito y quisiera venir por la recompensa de los cinco dólares.

Doña Ana: Sí, seguro que muchas personas querrán la remuneración, aunque ellos no sean los que hallen a Pepito.

Guillermo:	¿Qué dirá usted, papacito, si traen muchos perritos?
Tomás:	¿Y cada uno demanda de usted los cinco dólares?
Don Fernando:	¡Cállense! Quiero que hagan sus papalotes en el patio.
Doña Ana:	Recojan esos papeles, muchachos.
	(Les pega a Guillermo y Tomás, que salen.)
Don Fernando:	Alguien toca. *(Abre la puerta.)* Buenos días, pase usted.
	(Entra Hugo.)
Hugo:	Buenos días, señor. Ha perdido un perro, ¿verdad?
Don Fernando:	Sí, sí, lo he perdido. ¿Lo halló usted? ¿Sabe usted de él?
Hugo:	Creo que sí. Deme el dinero y le doy su perro.
Don Fernando:	Pide usted mucho, de veras. Deme mi perro y luego le doy el dinero.
Hugo:	¿Cree usted que me va a hacer una chapuza? Deme el dinero primero y después le daré el perro.
	(Alguien toca.)
Don Fernando:	Buenos días, Matsu. Siéntese.
	(Entra Matsu y se sienta.)
Matsu:	¿Perdió usted su perro?
Don Fernando:	Sí, Matsu.
Matsu:	Yo lo hallé, yo...
	(Entra Roberto trayendo un perro de Chihuahua.)
Roberto:	¿Es éste su perro? Quiero el dinero pronto, por favor. ¿No más de cinco pesos? Es muy poco.
Don Fernando:	Ese perro no es el mío.
	(Toca Biddy con Mol.)
Biddy:	Buenos días, señor. Tengo su perro. Mire allí afuera.
Mol:	Tiene mucha hambre, pero creo que usted tiene bastante que comer.
Don Fernando:	Pero si ése no es mi perro.
Mol:	Sí, señor, es el mismo perro. ¿Dónde está el dinero?
Doña Ana:	Parece que lo ha tenido usted por diez años sin comer.
	(Entra Felipe.)

Felipe:	Bueno, amigo, lo hallé. Vengo por el dinero. Mírelo y verá qué es su perro.
Don Fernando:	Pero, hombre, yo no quiero comprar todos los perros de la vecindad.
Matsu:	Yo tengo el perro del señor. Yo...
Biddy:	*(Le coge del cuello.)* Tú no hallaste el perro. Yo lo hallé.
Hugo:	Yo hallé el perro primero y el dinero es mío.
	(La coge a ella por el sombrero.)
Mol:	No, hombre, el dinero es de nosotros. Batallamos mucho para cogerlo.
Felipe:	Yo tengo los perros y el dinero es mío. *(Le pega al alemán.)*
Hugo:	¡Auxilio que me matan! *(Todos se agarran.)*
Don Fernando:	¡Policía, policía!
	(Doña Ana los quiere dispersar con la escoba. Los perros ladran.)

(Telón)

LA PIÑATA

PERSONAJES:

José (el protagonista)
Rosa (su novia)
Enrique y Elena (otra pareja)
Guillermo y Belita (otra pareja)
El hada (the fairy)

	(Entra el hada.)

El hada: In order that an English-speaking audience may enjoy more thoroughly the following performance of LA PIÑATA, I will first explain the use and significance of the piñata.

Christmas Eve, among Mexican children is known as *Nochebuena*. As our little fair-haired, northern children gaze in rapture at the wonderful Christmas tree with its gilded ornaments and lighted candles, so Mexico's little children crowd about their beloved *piñata*, with its gay colored paper and tinsel covering, hanging by a rope in the center of the *patio*, or open courtyard.

The *piñata* consists of an immense earthen jar, gaily decorated and containing the same collection of "goodies" – fruit, candy and nuts – which are found on or near a Christmas tree in our American homes.

Outwardly, the *piñata* may vary greatly in appearance. Sometimes its tissue paper covering represents a turkey or a swan; again it looks like an immense horn or even a rose, or it may appear as a Santa Claus in tissue paper clothing. When the *piñata* has been admired sufficiently, the children gather about and each in turn is given a mallet or club, then blindfolded and turned around till he loses his sense of direction. He then attempts to strike and break the earthen jar. The *piñata* is then raised out of the child's reach for one strike might shatter it and the other children would

27

miss the fun of attempting to break it. However, when each child has had his turn, the *piñata* loses its elusiveness and is eventually struck and broken, spilling its contents. Then the children scramble in great glee for the goodies as they fall to the floor.

El hada: And now I shall act as an interpreter throughout the performance. I will give you a glimpse of our story.

In a small border village, three young couples, José and Rosa, Enrique and Elena, and Guillermo and Belita, decide that they will substitute the *piñata* for the usual Christmas tree.

It is agreed that as José and Rosa are the only real sweethearts, the *piñata* should be dedicated to Rosa so that José's present for her can be placed in it. Rosa promises to keep her gift as long as she lives. It is also agreed that a tub be used instead of the earthen jar *(olla)*. Well, all this happened yesterday. And now you must meet Rosa. *(Entra Rosa.)* She comes in bringing the tub, very nicely decorated. I think it must be intended to represent a potted fern. And now may I introduce Elena? *(Entra Elena.)* Take a bow, Elena. And here comes Belita. *(Enter Belita.)* Wave to your audience, Belita.

(Exit Rosa, Elena and Belita.)

El hada: That was a short visit. But here come the boys, José, Enrique, Guillermo. *(Each in turn, bows to the audience.)* Now let's watch them. What a time they're having, hanging a *piñata* is no easy job. A Christmas tree presents less of a problem. *(With many awkward attempts, the boys manage to get the* piñata *hung.)*

Guillermo: Pues, José. ¿Dónde está el regalo?

El hada: Where's the present?

José: Yo soy el regalo, y ella prometió tenerme para siempre. ¿Estará bastante fuerte esa soga para sostenerme?

El hada: José says he, himself, is the present and that Rosa has promised to keep the present always. *(It could be worse.)*

28

Enrique:	¡Cómo! ¿Tú? Creíamos que ibas a traer un regalo para Rosa, no algo que nadie desea.
El hada:	Enrique thinks Rosa will get a dirty deal.
Guillermo:	Bueno, vénganse.
El hada:	Now watch them put José into the tub. That's a laugh.

(The boys finally boost José into the tub.)

(Entran las muchachas.)

Rosa:	¿Dónde está José? Ya debe estar aquí. ¿Lo esperamos?
Guillermo:	No, no lo esperamos. Probablemente aparecerá de una manera inesperada para cuando hayamos golpeado la piñata.
El hada:	Yes, Guillermo, José will come in unexpectedly. That's my bet!
Enrique:	Ven, Rosa, como es tu piñata, debes ser la primera en taparse los ojos.
El hada:	Now Rosa must be blindfolded. Just look at José's head. I hope she won't hit him. *(José's head comes up above the foliage.)*
Rosa:	Esa cosa está muy dura. Ven, Guillermo, ahora te toca a ti.

29

Guillermo:	Ya que no esperamos quebrar esta cosa, creo que no más le picaré alrededor.
El hada:	Do you notice that José has to move about to keep from being hit? Oh, he'll get dizzy if Guillermo doesn't quit swinging the piñata.
José:	*(Sticking out his head)* Oye, Guillermo ¿qué estás haciendo?
Rosa:	Mira, Elena, parece que la cosa que está adentro, está viva, de otra manera no se movería así.
El hada:	Rosa is sure that whatever is in the piñata is alive. We guess that too.
Enrique:	Pues por cierto que está viva. Iba yo a decir hace un rato que si esperarías tenerla para siempre, no debes ser tan dura con ella.
Elena:	¡Había de ocurrírsele a José poner algún animal vivo en la piñata! El hecho que no ha venido es prueba de que nos ha jugado una broma.
El hada:	Now, Enrique and Elena are sure José is playing a joke on them, particularly since he failed to appear on the scene.
Belita:	¿No sería feo si José te ha traído víboras, Rosa, recordando que tú le prometiste tener su regalo para siempre?
El hada:	Belita thinks José would be just ugly enough to put a snake in the piñata. She reminds Rosa of her promise to keep the gift always.
Enrique:	Estoy casi seguro de que son ratones. ¡Miren!
El hada:	And what does he do but put some toy rats on the leaves of the piñata. And as they fall to the floor, how the girls do scamper. *(The girls gather up their skirts and run but come back when they realize the mice are not real.)*
Guillermo:	*(Swinging the piñata)* Voy a mecer al animal hasta que se duerma. Mécete, cuna, mécete.
El hada:	Guillermo is going to rock the animal to sleep. He sings, "Swing cradle, swing." And that makes José dizzy.

30

José:	Oye, deja de mecer esta cosa, que me estás mareando.
Belita:	¡Vengan, vamos a bajar esta cosa! Me estoy muriendo de curiosidad.
Enrique:	La curiosidad mató al gato. Así es que ¡cuidado!
El hada:	Belita is dying of curiosity and Enrique reminds her of what curiosity is said to do to a cat.
Guillermo:	Pues bien. ¡Aquí va!
	(He cuts the rope and José falls at Rosa's feet.)
Guillermo:	Les dije que vendría José inesperadamente como el diablo a la hora de la oración.

El hada:	Guillermo thinks that José will come in unexpectedly "like the devil at prayers."
Belita:	*(Laughs)* ¿Pero tal vez prefieres algunas víboras, Rosa?
Elena:	¿Oh, tal vez algunos ratones?
El hada:	Belita thinks Rosa might prefer snakes or "rats" says Elena.
Rosa:	¡Tonterías! Este es el mejor regalo que jamás he recibido.
José:	Y prometiste tenerme siempre, ¿ya lo sabes?
El hada:	Rosa says they're foolish, that this is the best present she has ever had. José says he's hers for keeps. Just think girls, that would be one way of getting a husband! Hurrah for the piñata!
Todos:	¡Felicidades, José y Rosa! Y, ¡viva la piñata!

(Telón)

VOCABULARIO

A

a   to

¿—qué   why? what purpose? what's the good of?

abajo   down, below

  por —   below, underneath

abalanzar   to balance, to dart, to impel, to rush impetuously

abrir   to open

acá   here

acaba de hacer   to finish doing, having just done

aceptar   to accept

acoger   to admit

acomodar   to usher, the person who accommodates or places

acompañado   accompanied

acompañar   to accompany

acordarse (de)   to remember

acostumbrado, -a   customary, habitual, usual

actitud *f.*   attitude, position

acto *m.*   act

actor *m.*   actor

actualmente   at present

acuerdo *m.*   accord

  estar de —, ponerse de —   to come to an agreement

adelante   forward; come in

adentro   within; come in (calling to a person knocking at the door)

adiós   goodbye

adivinar   to guess, to faintly distinguish

admiración *f.*   admiration

¿adónde?   where? whither?

adonde   where

adorar   to adore, to worship

aeroplano *m.*   airplane

afecto *m.*   affection

afortunado, -a   fortunate

afrontar   to face

afuera   abroad, out of the house; besides, moreover

agarrar   to grasp

agitado   agitated

agradable   pleasant, enjoyable

agua *f.*   water

aguardar   to wait (for); to expect

agujereado   pierced

agujero *m.*   hole

ahí   here

  —va   that's it

ahora   now

  —mismo   right now

aire *m.*   air, wind

  de—   windy

  al—libre   in the open air

al (= a + el)   to the

  al que   when

ala *f.*   wing, shoulder

alegre   lighthearted, happy

alegría   happiness

alemán, -a   German

al fin   at last

algo *m.*   something, somewhat

alguien   someone

alguno, -a   some, any

allá, allí, ahí   there

alrededor   around

  a su alrededor   near him

¿amará?   will you love?

americano, -a   North American

amigo, -a   friend

amo *m.*   master

ancho, -a   wide, broad

andaba por ahí   to go there

ando en busca   I go in search of

anillo de boda   wedding ring

animal *m.*   animal, simpleton

animalillo *m.*   small animal

anoche   last night

antemano beforehand
antes before
anunciar to announce
anzuelo *m.* fish hook
año year
aparecer to appear
apartar to part
aprender to learn
  deber aprender should learn
apretar to grasp
a prisa rapidly
apuntar to aim, point
aquel, aquella that
aquí here
árbol *m.* tree
arcángel *m.* archangel
argolla de hierro ring of iron
arreglar to guide, arrange
arriba up, above
así so, thus
asunto *m.* matter; affair
atrás behind
aún still, yet, even
aunque although, even though, even if
auténtico, -a authentic
auxilio aid
avanzada advanced
¡ay! alas
ayer yesterday
ayudar to help
  para ayudarte to help you

B

bajando descending
bancarrota *f.* bankruptcy, failure
barba *f.* beard
barato cheap
basta enough
bastante quite, rather, enough
batallamos mucho we fought hard
baúl *m.* trunk
bayoneta *f.* bayonet
beber to drink

besar to kiss
bien well
boda *f.* wedding
  vestido de— wedding gown
bonito, -a pretty
bosteza she yawns
breve brief
broma *f.* joke
  de— in fun
bueno, -a good;
  buenos días good morning
burla *f.* joke
besito *m.* little kiss

C

caballero *m.* gentleman, sir
caballo *m.* horse
cabo *m.* end, extremity
cabo *m.* bait
caer to fall
café *m.* cafe, coffee
caja *f.* box
calar to pierce
calientitos warm
callado, -a quiet
¡cállate! keep quiet!
calle *f.* street
calzones *m.* breeches
caminar to travel
  no quiere caminar does not want to go
camisa *f.* shirt
campamento *m.* camp
canasta *f.* basket
canción *f.* song
cansar to tire
  me canso I am tired
  ¿no se cansa? are you not tired?
cantando singing
cañón *m.* cannon
cara *f.* face
carro *m.* car, automobile
carromato *m.* a long cart with two
  wheels for transporting goods

carromatero *m.* carman, driver of carromato

casa *f.* house, home

  casa de locos madhouse

casarse to get married

cebolla *f.* the bulb of an onion

  ramo de -s bunch of onions

celebración *f.* celebration

celebrar to celebrate

cenar to eat

centavos *m.* cents, money

centro *m.* center

ceñir to bind

cerca near

ceremonia *f.* ceremony

cerillos *f.* matches

cerrar to close

cielo *m.* sky

cigarro *m.* cigar

cinco five

ciña let it tie

clase *f.* sort

cobrar to collect (what is due)

  cobra collects

    me— he collectes from me

coche *m.* carriage, vehicle

cociendo cooking

cocinero *m.* cook

cogerlo to catch it

  lo coge he catches it

colegio *m.* college

color *m.* color

colorado, -a red, ruddy

comenzar to begin

comienzo I commence

comer to eat

  nada de— nothing to eat

  sin— without eating

como like

¿cómo está? how are you?

compañía *f.* company

completa complete

cómprelos buy them

con with

conocer to be acquainted with

lo conozco I know you

en conocerle in knowing him (or her)

consentir to consent (to)

  da su consentimiento gives her consent

contrabando *m.* contraband

copa *f.* cup; crown of hat

  sombrero de— high (silk) hat

coral *m.* coral

corazones *m.* hearts

coro *m.* choir

corona *f.* crown

corral *m.* yard, barnyard

correr to run

cortar to cut

cosa *f.* thing, matter

coser to sew

  cosiendo sewing

costar to cost

crear to create

  ha crecido mucho has grown much

creer to believe

  ya lo creo I should say so

  creo que sí that's what I think

criada *f.* woman servant

criar to bring up, educate

cruzar to cross

  cruzarse con to meet with and pass

cual, cuales; los—, las— (el, la, lo) which, who, whom

cualquiera any

cuando when

  de— en— from time to time

  —menos at least

¿cuándo? when?

cuanto, -a all that

¿cuánto? how much?

cuatro four

cucaracha *f.* cockroach

cuello *m.* collar, neck

cuero *m.* leather skin

cuidado *m.* care

  tener— to be careful

cuna *f.* cradle

Cupido *m.* Cupid

curiosidad *f.* curiosity

CH

"chain" meaning "shine"
chapuza *f.* joke
Chihuahua small dog
chino *m.* Chinaman
chiquito, -a tiny
chiste *m.* joke
   chistoso funny

D

dar to give
   doy I give
de of, from
deber should
   ya debe estar aquí he should be here
   como es debido as it should be
decir tell
   es— that is to say
   ha dicho has said
   ¿qué dirá usted? what would you say?
   me decía he told me
   dinos tell us
decoraciones *f.* decorations
dedo *m.* finger
dejar stop, put down
   lo dejaron en la puerta de la iglesia left him at the church
delantal de cocinero *m.* cook's apron
demandar to demand
demostrar to demonstrate
desear to desire
   que nadie desea that nobody wants
deslumbrado puzzled
despertar to wake up
después after
destino *m.* destiny
detrás behind
   por— from behind
día *m.* day
   buenos días good morning
   todos los días everyday
diablo *m.* devil

diez ten
   tiene—años he is ten years old
dinero *m.* money
Dios *m.* God
   pordiosero (literally) "for God saker," beggar
dirigiéndose addressing himself to them
discuten they discuss
dispénsame excuse me
distinto, -a different
Divino *m.* Divine
dóchen (Chinese) good morning
dolor *m.* pain
donde where
¿dónde? where?
dormirse to fall asleep
duerme (se) falls asleep
duro, -a hard

E

él he, him
ella she, her
ello it
en in, on
enemigo *m.* enemy
enfermedad *f.* illness
enfermo, -a sick, patient
enojar to vex
entrar to enter
era was
escena *f.* scene
escoba *f.* broom
escribir to write
   se escribió was written
escuchar to listen
   no la escuche don't listen to her
escuela *f.* school
   —superior high school
ese, esa that
eso that, that affair
espalda *f.* back
español, -a Spanish
esperar to wait (for), expect

espérese un momento   wait a minute
lo esperaremos   we will wait for him
esposa *f.*   wife
éste, ésta   this
estilo *m.*   style
éstos, éstas   these
estoy   I am
estudiante *m.*   student
etcétera *f.*   etc.
eterno, -a   eternal
exactamente   exactly
extra   extra
extranjero, -a   stranger
extraño   foreign

F

falda *f.*   skirt
falta *f.*   lack
   no nos—nada   we lack nothing more
familia *f.*   family
favor *m.*   favor
   haga usted el —de   please
felicidad *f.*   happiness
   muchas -es   congratulations
felicitada   complimented
feo   ugly
   ¿no sería—?   would it not be ugly?
fin *m.*   end
   al—   finally
   en—   finally
flecha *f.*   arrow, dart
flor *f.*   flower
forastero *m.*   outsider
foro *m.*   back of the stage
frente *f.*   forehead
fresco, -a   cool
frontera *f.*   border
frutas *f.*   fruit
fue   went
fuera de   outside
fueron   they went, they were
fuerte   strong

fumar   to smoke
funcionar   to work
   no funciona bien   it does not work well
funeral *m.*   funeral
fusil *m.*   rifle
futuro, -a   future
   mi futura esposa   my future wife

G

gato *m.*   cat
gente *f.*   people
golpe *m.*   blow, cough
   de—   suddenly
gordo, -a   obese
gracioso, -a   gracious
   muchas gracias   many thanks
grande   large
gritar   to shout
   grito de guerra   cry of war
guerra *f.*   war
gustar   to please
   me gusta   it pleases me
   con mucho gusto   with pleasure

H

haber   to have
   hay que   one must
   bien haya   blessed be
hablaba   spoke
hacer   to make, to do
   no le hace   it makes no difference
   me hacen el favor   do me the favor
   ¿qué está haciendo?   what are you
   doing?
   quisiera que hicieran   whatever they do
   háganos el favor   do us the favor
   hace mucho calor   it is very hot
hacienda *f.*   ranch
hada *f.*   fairy

hallado found
hambre *f.* hunger
  tener— to be hungry
hasta as far as, even until
hecho *m.* deed, fact
herido wounded
hermana *f.* sister
  —de caridad Sister of Charity
hermoso, -a beautiful
hija *f.* daughter
hijo *m.* son
himno *m.* hymn
  Himno Nacional national anthem
hombre *m.* man
honrar to honor
  ¿la honrará? will you honor her?
hora *f.* hour, time
hoy today
huele it smells

I

iglesia *f.* church
importante important
indica points out
indispensable necessary
inesperadamente unexpectedly
interesar to interest
ir to go
  iba de prisa to go hurriedly
  se ha ido has gone
  iré I will go
irlandesa Irish woman

J

jazmines *m.* jasmines
jefe *m.* boss
jerez sherry wine
joven *m.* or *f.* young man, young woman
  muy— very young
jugar to play
  ha jugado una broma has played a joke

L

la *f.* the
la, los, las the
labios *m.* lips
ladrar to bark
lana *f.* wool
lance *m.* escapade
lanzar to hurl
las *f.* the
leche *f.* milk
leer to read
  leyendo reading
levantarse to get up
libre free
libro *m.* book
ligar to bind
limosna *f.* alms
limosnero *m.* beggar
limpiabotas *m.* (literally "cleaner of boots") shoeshine boy
lindo, -a pretty
lo it, the
loco, -a crazy
los the, them
luego immediately
  hasta— I'll see you later
  —que as soon as
lugar *m.* place
  en—de instead of
lumbre *f.* fire

LL

lleno, -a full
llevando carrying, wearing
llorar to weep
  no llores don't cry
  yo puedo—mejor I can cry better

M

madrina *f.* bridesmaid
mamá *f.* mother

manera *f.* manner
mangas *f.* sleeves
mano *f.* hand
mantilla *f.* lacy headscarf
mañana tomorrow, in time to come;
    morning
    por la— in the morning
mareado, -a seasick
marihuana marihuana (nickname for
    gasoline)
más more
    por—que however much
mátame kill me
    no me mates don't kill me
matrimonio *m.* matrimony
me me
mecer to rock
    mécete, cuna, mécete rock, cradle, rock
medida *f.* measure
    midiendo measuring
medio *m.* middle
melodía *f.* tune
    la—de la marcha nupcial the wedding
    march
merienda *f.* lunch
mes *m.* month
mesa *f.* table
mí me, my
mientras while
ministro *m.* minister
mío my, mine
mire la barba look at the beard
    mírele just look at him
misa *f.* mass
mismo, -a same
momento *m.* moment
montaré I will mount
moreno, -a brunette
morir to die
muriendo de curiosidad dying with
    curiosity
    ¿quién se murió? who died?
    hasta la muerte till death
mostrando showing
    muestra sorpresa shows surprise

mozo *m.* servant
muchacha *f.* girl
    muchachita little girl
muchacho *m.* boy
mucho, -a much
muela *f.* molar
mujer *f.* woman, wife
muñeca *f.* doll
muy very

N

nacional national
nada *f.* nothing, by no means
nadie nobody
nativo *m.* native
necesario necessary
necesitamos we need
    me necesitas you need me
nervio *m.* nerve
ni... ni neither... nor
nieto *m.* grandson
niña *f.* girl
    niñita little girl
ningún, ninguna no one
no no, not
noche *f.* night, evening
    Nochebuena good night, (often
    used for Christmas Eve)
nosotras *f.* us, we
nosotros *m.* we, us
novia *f.* sweetheart, fiancee
novio *m.* lover, fiancé
nuestro, -a our, ours
nuevo, -a new
    de nuevo again
nupcial nuptial, marriage

O

o or, either
¿obedecerá? will you obey?
oficial *m.* Justice of the Peace

ocho eight
oír to hear
  si pudiera— if I could just hear
  oí lo que pasa I heard what happened
  se oye is heard
  he oído I have heard
ojo m. eye
  ojitos little eyes (meaning "dear little
  eyes")
oler to smell
olivo m. olive
olla f. earthen jar
oración f. oration
  la hora de la— hour of prayer
oreja f. ear
osaré I will dare
otro, -a another
¡oye! listen!

P

padre m. father, priest
pagamos we pay
país m. country
pálido, -a pale
palote m. stick
papá m. "dad"
papalote m. kite
papel m. paper
par m. pair, couple
parecer to appear
  bien parecido good-looking
  me parece it seems to me
pareja f. couple
parte f. part
  en (or por) todas partes everywhere
pasar to pass
  fue pasado was passed
  ¿qué le pasa? what is the matter
pastelero m. pastry cook
patio m. enclosed court
patria f. country
paz f. peace
pedir to request

pegar un tiro to shoot
pensar to intend
  piensa un poco think a little
pequeño, -a small, young
perder to lose
perdonar to forgive
  le perdonaremos we will forgive you
perfecto, -a perfect
periódico m. newspaper
permítame permit me
  con su permiso with your permission
pero but, except, yet
perro m. dog
  perrito little dog
personaje m. role
pescado m. fish (when out of water)
pescar to fish
peste f. plague
pez m. fish (when in water)
picar to prick
  pica mucho it burns (as red pepper)
  la picaré I will prod it
pie m. foot
piñata f. jar which is hung from the
  ceiling so that those present, when
  blindfolded, might break it with a stick
pistola f. pistol
plantas f. plants
plaza f. square, park
pobre poor
  pobrecito, -a poor dear
poco, -a small in quantity, pl. few
  a poco soon
poder to be able
  si yo pudiera if I could
  no se puede it can't be done
policía f. police
poniendo putting
por by, through
porque because, since, as
¿por qué? why? wherefore?
posible possible
prefieras you would prefer
preguntar to ask (for information)
  me preguntó he asked me

presencia de Dios   in the presence of God
presentando   presenting
   presentarle   present to you
primero, -a   first
principio *m.*   beginning
prisa *f.*   hurry
iba de prisa   he was in a hurry
probablemente   probably
probar   to sample
profanar   to violate
profesor *m.*   professor
prometer   to promise
   me prometiste   you promised me
pronto, -a   prompt, sudden
pronunciación *f.*   pronunciation
protagonista *m.*   star of the play
prueba *f.*   proof
puerta *f.*   door, gate
pues   therefore, because
   pues bien   now then
pulgada *f.*   inch
puñal *m.*   dagger

Q

que   that, which, who, whom, than,
   because
   ¿el qué?   who? which? what?
quebrar   to break
querer   to want desire
   la querrán bien   they would like her
   quisiera que   I wish that
   ¿qué quieres?   what do you wish?
   no quiero   I don't want
   quiero   I love
querido, -a   dear
queso *m.*   cheese
quien   who, whom
¿quién?   who? whom?

R

ramo *m.*   branch
ramo de cebollas   bunch of onions

ramillete   little bouquet
rancherita *f.*   little ranch girl
rancho *m.*   ranch
raspa *f.*   (coll) stingy
rato *m.*   moment, short time
ratones *m.*   mice
recibir   to receive
recoger   to gather
   recojan   they take up
recompensa *f.*   reward
reconocer   to know, to give cognizance to
recordar   call to mind
   ¿no me recuerda?   don't you remember
   me?
regalo *m.*   gift
regresar   to return
reír   to laugh, laugh at
   se ríe   he laughs
   riéndose   laughing
remuneración *f.*   remuneration
reposa   rests
representar   to represent
responder   to respond
   me responden   they answer me
retiemble   it vibrates
rico, -a   rich
río *m.*   river, stream
rodillo de pastelero *m.*   rolling pin
rosa *f.*   rose, rose-colored
rótulo *m.*   sign
rugir   to roar

S

saber   to know
   yo sé   I know
   saben quien   know whom
   no sabe   he doesn't know
sabroso, -a   tasty, delicious
sala *f.*   parlor, livingroom
salir   to go out
   ya saldrá   it will turn out all right
salud *f.*   health
santo, -a   saint

en santo matrimonio in holy matrimony
seco, -a dry
seguro, -a safe
  seguro que sí of course
  seguro que sure that
seis six
sentar to seat
  se sienta is seated
  siéntase sit down
señor *m.* Mr., sir
  mi señor my lordship
señora *f.* Mrs., madam, lady
señorita *f.* Miss, young lady
sean are
  o seré I will be
  ¿no sería feo? wouldn't it be ugly?
servir to be of use
  ¿le servirá? will you serve him?
sí yes, himself, themselves,
  yourself, yourselves
si if
  como si as if
siempre always
  siempre que whenever
sierra *f.* mountain range, mountains
siesta *f.* afternoon nap
sin without, besides
soga *f.* rope
soldado *m.* soldier
solamente only, solely, merely
solo, -a unaccompanied
  a solas alone
sombrero *n.* —de copa high (silk) hat
sonoro sonorous
sonrisa *f.* smile
soñar to dream
  soñando dreaming
  soñé I dreamed
sorpresa *f.* surprise
sostenerme to support me
soy I am
su, sus his, her, its, their, your
suegro *m.* father-in-law
suelo *m.* ground, earth
sueño *m.* dream, sleep

me da sueño makes me sleepy
superior higher
  escuela superior high school
supuesto supposed
  por— of course

T

tablado *m.* stage
taco *m.* form of
  tortilla a crisp corn chip
tal so, such
  tal vez perhaps
  ¿qué tal? what do you say?
tamaño *m.* size
también also, too
tampoco neither, either
tan so, as much
tanto, -a so much, so great
taparse los ojos to be blindfolded
tarde *f.* afternoon, late
te you (fam.)
teatro *m.* theater
tecolote *m.* owl
tela *f.* cloth
telón *m.* curtain of stage
temblar to tremble
tener to have, to possess
  ¿la tendrá? will you keep her?
  que yo tenía that I had
  tenerme to keep me
  tengo I have
tequila *f.* a Mexican drink
ti you
tienda *f.* shop, store
tierra *f.* earth
tocar to touch, to knock
todavía still, as yet
todo, -a all
  todo el mundo everybody
tomar to take
  ¿tomará? will you take?
tontería *f.* foolish act or saying
tonto, -a stupid

tortillas _f._ pancakes of Indian corn (used as a substitute for bread in Mexico)

trabajar to work

  ha trabajado has worked

tradicional traditional

traer to bring, to wear

  que ibas a traer that you were going to bring

  voy a traer I am going to bring

  tráigame bring me

travesura _f._ prank

travieso, -a mischievous

triste sad

  estoy triste I am sad

tú you

tumba tumbles

U

últimamente lastly, recently

último, -a final

unir to join

uno, -a single, one

usar to use, wear

  como lo que usa as are used

usted you

V

va goes

  vamos a ver let's see

  vamos let's go

vaquero _m._ cowboy

¡vaya! (exclamation) well!, indeed!, why!, what!

vecindad _f._ place, locality

veinticinco twenty-five

vendedor, -a seller

vender to sell

se venden is (are) sold

vendería would sell

venir to come

  no viene he doesn't come

  ha venido he has come

  véngase come (command)

ver to see

  a ver let's see

  ¿tú ves? do you see?

  verla to see it

verano _m._ summer time

veras _f._ truth

verdad _f._ truth

  en verdad truly

  ¿no es verdad? isn't it so?

  sea de veras really

verdadero, -a genuine

vestiré de vaquero I'll dress as a cowboy

  vestido de boda bridal attire

víboras _f._ snakes

vivir to live

  ¿quién vive? who lives?

  está viva she is alive

  vivían lived

voy I go (see **ir**)

voz _f._ voice

  en voz baja in a low voice

volver to return

vuelva return (command)

vuestro, -a your, yours

Y

y and

ya already, now

yendo going

Yo I

Z

zapatos _m._ shoes

NTC SPANISH TEXTS AND MATERIAL

Graded Readers
Beginner's Spanish Reader
Diálogos simpáticos
Cuentitos simpáticos
Cuentos simpáticos
Easy Spanish Reader

Cultural Readers
Panorama del mundo latinoamericano:
   The Andean Region
Leyendas latinoamericanas
Leyendas mexicanas
Leyendas de Puerto Rico
Cuentos puertorriqueños
Leyendas de España
Cartas de España
"En directo" desde España
Voces de Puerto Rico
Muchas facetas de México
Una mirada a España

Cross-Cultural Awareness
Encuentros culturales
Welcome to Spain
La Navidad

Sr. Pepino Series
La momia desaparece
El secuestro
La casa embrujada

Journeys to Adventure Series
El jaguar curioso
Un verano misterioso
La herencia
El ojo de agua
El enredo

Literature
Literatura moderna hispánica
Teatro hispánico

Literary Adaptations
Tres novelas latinoamericanas
Tres novelas españolas
Dos novelas picarescas
Don Quijote de la Mancha
La Gitanilla
El Cid
Nuestras mujeres
Lazarillo de Tormes
La Celestina

Short Stories
Historietas en español
Leamos un cuento
Joyas de lectura
Cuentos de hoy

Plays and Skits
Cinco comedias
Siete piezas fáciles

Dialogues and Conversations

Getting Started in Spanish
Everyday Conversations in Spanish
Diálogos contemporaneos
Basic Spanish Conversation
Empecemos a charlar

Grammar Handbooks
Spanish Verbs and Essentials
   of Grammar
Complete Handbook of Spanish Ve

For further information or a current catalog, write:
National Textbook Company
4255 West Touhy Avenue
NTC Lincolnwood, Illinois 60646-1975